HAZ CASO A MAMÁ

EditorialBrief • 2026

HAZ CASO A MAMÁ

PALOMA SORRIBES

Brief
Editorial

Haz caso a mamá

© Del texto: Paloma Sorribes Ibáñez
© De las ilustraciones: Paloma Sorribes Ibáñez
© De esta edición: Editorial Brief, 2026 (Grupo Editorial Sargantana)
Email: info@editorialbrief.com
www.editorialbrief.com

Primera edición: febrero, 2026

Impreso en España

Los papeles que usamos son ecológicos, libres de cloro y proceden de bosques gestionados de manera eficiente.

ISBN: 978-84-18641-58-9
Depósito legal: V-34-2026

A Manuel, mi mejor dibujo.

Al pequeño camaleón le enseñaban a cazar moscas en la escuela, pero eso le aburría, porque eran fáciles de atrapar, no tenían la culpa de nada y volaban, vuela que te vuela.

En realidad, había pocos bichos
que, sin volar o volando,
tuvieran la culpa de algo.

Los grillos, por ejemplo, alegraban las noches con sus conciertos
y cada verano dormían a todo el bosque como si le estuvieran leyendo cuentos.

O el bicho palo, que jugaba al béisbol
con la misma pasión con la que quería ser una rama de árbol.

¿Y qué decir del saltamontes?
Brincaba tanto que jugando al baloncesto
era el más grande, mejor que el maestro.

Aunque para el pequeño camaleón la mejor de todos,
la que nunca debía ser cazada, era la mariposa.
¿Qué sería del mundo sin su color, sus alas y sus cosas?

En el patio de recreo había insectos peores.
Como la mantis religiosa, que pinchaba los balones.
¡Ni su primo, el rinoceronte escarabajo, caería tan bajo!

También soplaba las velas del cumpleañero para que no se cumpliera su deseo.
Cualquier cosa con tal de que un momento tan bonito se volviera feo.

Muchos en la escuela tenían miedo a la mantis y no paraban de repetir al camaleón que él era ¡un animal vertebrado!, por tanto, en una pelea contra ella saldría mejor parado.

Por todo eso, cuando volvía a casa,
en vez de repasar las lecciones,
caminaba pensando en sus cosas
y en cómo acabar con la mantis religiosa.

Si las moscas no daban problemas,
¿por qué los libros de la escuela se empeñaban
en enseñar que así fuera?

De noche, durante la cena en su casa, preguntó a sus padres:
—¿Qué es lo que pasa? ¿Si las moscas no tienen la culpa de nada,
por qué las cenamos cada día de la semana?

Mientras su madre le lavaba la lengua antes de dormir,
el pequeño camaleón seguía preguntándole por qué comer moscas
cuando la mantis era abusona y nadie la quería.
Y su mamá limpiaba y limpiaba, pero no respondía.

Ya en la cama, y como su mamá vio que su niño no se dormía, le dijo:
—Las moscas dan menos problemas y saben bien.
Una mantis es sabrosa, pero cazarás una entre cien.

«¿Qué sabrá tu mamá de cazar?
Tú eres el depredador».

«Yo no te digo nada,
porque con pintar el mundo de color
voy sobrada».

«Si de cada cien mantis cazas una,
serás el mejor».

A oscuras en su cuarto, el pequeño camaleón
siguió pensando en lo que decían sus amigos.

El pequeño camaleón no conseguía dormirse... porque lo que mamá decía era importante...,

pero lo que decían
sus amigos era más
interesante.

Así que en mitad de la noche
tomó una decisión:
se escaparía de casa
para averiguar quién tenía razón.
Si su mamá o sus amigos,
o ninguno de los dos.

Pronto corrió la voz.
¡El pequeño camaleón iba a cazar a la mantis!
—¡Qué buena noticia! —dijeron tres moscas
antes de a la aventura apuntarse.

¡¡La rana tiene razón!!

A mitad de camino se encontraron a la mariposa y a la araña,
que tomaban el té antes de que empezara la mañana.

Las moscas anunciaron contentas la batalla.
A lo que la mariposa dijo:
—Yo no pelearía, mejor disfrutar
de un buen té en buena compañía.

Y la araña añadió:
—Estoy de acuerdo con la mariposa, pequeño camaleón.
La comida viene volando,
no salgas a buscarla. ¡Espérala en tu casa descansando!

MIENTRAS TANTO, LAS MOSCAS TENÍAN CUIDADO REVOLOTEANDO.

Yo sigo vigilando desde arriba, ¿vale?

¡BRRR!

Adelante, valiente.

Por fin la banda llegó a donde vivía la mantis,
y aunque las moscas le seguían, valientes,
al pequeño camaleón le rechinaron de miedo los dientes.

LA CASA QUE POR EL DÍA ERA DE
COLORES... POR LA NOCHE PARECÍA
EL MUSEO DE LOS HORRORES

En silencio todos se acercaron
y, ¡sorpresa!, la pequeña mantis no estaba sola.
Su mamá, guapa, lista y glamurosa, como todas las mamás,
¡ah!, y la más grande, jugaba con ella a su lado.

GLU

El pequeño camaleón, muy asustado, se preguntó:
«¿A quién hacer caso cuando tu mamá dice: "¡Para!"
y tus amigos que des otro paso?».

Estoy pensando que tal vez tu madre tenga razón.

Pues yo esperaría mañana.

Sssst

Yo sigo vigilando desde aquí.

Pero el camaleón ya no escuchaba a las moscas.
No podía defraudar a sus amigos.
La mantis podía prepararse,
con su lengua pegamento la atraparía al instante.

¡No! Mis amigos dicen que yo soy el depredador.

Abrió la puerta de repente y disparó su lengua sin mirar y hacia al frente.

Pues no, la mamá mantis le perdonó.
Le invitó a cenar y llamó a sus papás
para que lo vinieran a buscar.

Antes de despedirse, la mamá mantis
le dio un beso y le dijo:
—Si tus amigos te animan a pelear
es porque no te quieren de verdad.

Y, colorín colorado, hasta las moscas se han salvado.

Ninguno de los protagonistas de este cuento ha sufrido daños.
Todos ellos siguen jugando juntos en el patio del colegio.